BEI GRIN MACHT SICH IHR WISSEN BEZAHLT

- Wir veröffentlichen Ihre Hausarbeit, Bachelor- und Masterarbeit
- Ihr eigenes eBook und Buch - weltweit in allen wichtigen Shops
- Verdienen Sie an jedem Verkauf

Jetzt bei www.GRIN.com hochladen und kostenlos publizieren

Bibliografische Information der Deutschen Nationalbibliothek:

Die Deutsche Bibliothek verzeichnet diese Publikation in der Deutschen Nationalbibliografie; detaillierte bibliografische Daten sind im Internet über http://dnb.d-nb.de/ abrufbar.

Dieses Werk sowie alle darin enthaltenen einzelnen Beiträge und Abbildungen sind urheberrechtlich geschützt. Jede Verwertung, die nicht ausdrücklich vom Urheberrechtsschutz zugelassen ist, bedarf der vorherigen Zustimmung des Verlages. Das gilt insbesondere für Vervielfältigungen, Bearbeitungen, Übersetzungen, Mikroverfilmungen, Auswertungen durch Datenbanken und für die Einspeicherung und Verarbeitung in elektronische Systeme. Alle Rechte, auch die des auszugsweisen Nachdrucks, der fotomechanischen Wiedergabe (einschließlich Mikrokopie) sowie der Auswertung durch Datenbanken oder ähnliche Einrichtungen, vorbehalten.

Impressum:

Copyright © 2014 GRIN Verlag, Open Publishing GmbH
Druck und Bindung: Books on Demand GmbH, Norderstedt Germany
ISBN: 9783668398603

Dieses Buch bei GRIN:

http://www.grin.com/de/e-book/353767/die-deutsche-aussenpolitik-im-kosovo-konflikt-und-deutschland-die-neudeutung

Anonym

"Die deutsche Außenpolitik im Kosovo-Konflikt" und "Deutschland: Die Neudeutung der Vergangenheit". Eine vergleichende Buchrezension

GRIN Verlag

GRIN - Your knowledge has value

Der GRIN Verlag publiziert seit 1998 wissenschaftliche Arbeiten von Studenten, Hochschullehrern und anderen Akademikern als eBook und gedrucktes Buch. Die Verlagswebsite www.grin.com ist die ideale Plattform zur Veröffentlichung von Hausarbeiten, Abschlussarbeiten, wissenschaftlichen Aufsätzen, Dissertationen und Fachbüchern.

Besuchen Sie uns im Internet:

http://www.grin.com/

http://www.facebook.com/grincom

http://www.twitter.com/grin_com

Westfälische Wilhelms-Universität

Zentrum für Niederlande-Studien

Aktuelle Tendenzen in der deutschen und niederländischen Politik: Außen- und Sicherheitspolitik

Vergleichende Buchrezension

Die deutsche Außenpolitik im Kosovo-Konflikt und *Deutschland: Die Neudeutung der Vergangenheit*

Inhaltsverzeichnis

1. **Einleitung** 3

2. *Die deutsche Außenpolitik im Kosovo-Konflikt* **von Roland Friedrich** 6

   2.1 Struktur 6

   2.2 Bewertung 9

3. *Deutschland: Die Neudeutung der Vergangenheit* **von Veit Swoboda in** *Vergleichende Außenpolitikforschung und nationale Identitäten. Die Europäische Union im Kosovo-Konflikt 1996-2008* 10

   3.1. Struktur 10

   3.2. Bewertung 14

4. **Quellen- und Literaturverzeichnis** 15

1. Einleitung

Mit der Teilnahme der Bundeswehr an der NATO-Operation ALLIED FORCE veränderte sich die deutsche Außen- und Sicherheitspolitik beim Thema Auslandseinsätze. Während das schwarz-gelbe Kabinett Kohl IV im Golfkrieg im Jahr 1991 noch eine „Scheckbuch-Diplomatie"[1] betrieb und keine deutschen Soldaten entsandte, nahmen unter der rot-grünen Bundesregierung 1999 deutsche Soldaten erstmals nach der Gründung der Bundesrepublik im Jahr 1949 an einem Krieg[2] teil. Zwar geschah dies im multilateralen Rahmen, jedoch ohne die Legitimation durch den Weltsicherheitsrat.[3]

Roland Friedrich legt sich darauf fest, dass sich „in der letzten Dekade [...] ein gesellschaftlicher und politischer Wandel vollzogen" hat, „der durchaus als paradigmatisch bezeichnet werden kann."[4] „Zugleich kann dieses Ereignis aber auch als logische Folge des Gewichtszuwachses Deutschlands nach der Wiedervereinigung verstanden werden und ist demnach sichtbarster Ausdruck eines Entwicklungsprozesses hin zu einer aktiven deutschen Rolle im internationalen Konfliktmanagement."[5] Theo Sommer legt sich in der „Zeit" sogar darauf fest: „Außenpolitisch sind wir eine andere Republik geworden."[6]

Trotz dieser laut Friedrich "entscheidenden Zäsur"[7] in der deutschen Außenpolitik ist die deutsche Kosovo-Politik nicht Gegenstand umfangreicher Forschung geworden. „Über die deutsche Rolle im Kosovo-Konflikt gibt es nach wie vor keine systematische Darstellung."[8] Die Literatur zu dem Thema „besteht im wesentlichen aus Studien zu Einzelphasen und Teilaspekten."[9] Das liegt unter anderem auch daran, dass Dokumente des Bundeskanzleramtes, des Auswärtigen Amtes und des Bundesministeriums der Verteidigung zum Kosovo-Konflikt auf absehbare Zeit Sperrfristen oder Geheimhaltungsvorschriften unterliegen.

---

[1] Friedrich, Roland, Die deutsche Außenpolitik im Kosovo-Konflikt, Wiesbaden 2005, S.9.
[2] Friedrich (2005), S.9.
[3] Vgl. Risse, Thomas, Kontinuität durch Wandel: Eine „neue" deutsche Außenpolitik?, 3.3.2004, online unter http://www.bpb.de/apuz/28465/kontinuitaet-durch-wandel-eine-neue-deutsche-aussenpolitik?p=all, eingesehen am 21.3.2014.
[4] Friedrich (2005), S. 10.
[5] Friedrich (2005), S.9.
[6] Sommer, Theo, Die deutsche Außenpolitik: unterwegs, in: Die Zeit, 1.3.2001.
[7] Friedrich (2005), S.9.
[8] Friedrich (2005), S.9.
[9] Friedrich (2005), S.10f.

Daher stützen sich die Arbeiten zur deutschen Kosovo-Politik auf Hintergrundwissen, vertrauliche persönliche Recherchen und Presseinformationen. Die umfassendste Abhandlung zu dem Thema ist *Der letzte Krieg in Europa? Das Kosovo und die deutsche Politik* von Günther Joetze dar.[10] Joetze war Angehöriger des Angehöriger des Auswärtigen Amtes zu Zeiten des Konflikts.

In der vorliegenden Rezension wird sich mit den Studien *Die deutsche Außenpolitik im Kosovo-Konflikt* von Roland Friedrich und *Vergleichende Außenpolitikforschung und nationale Identitäten. Die Europäische Union im Kosovo-Konflikt 1996-2008* von Bernhard Stahl und Sebastian Harnisch (Hrsg.) auseinandergesetzt. In letzterem Werk wird dabei nur auf das Kapitel *Deutschland: Die Neudeutung der Vergangenheit* eingegangen. Der Autor des Aufsatzes ist Veit Swoboda.

Die methodische Grundlage der Studie von Roland Friedrich ist ein Ziel-Mittel-Ansatz. „Außenpolitik wird demgemäß analysiert über die in ihr enthaltenen Zielordnungen, Zielkongruenzen und Zielkonflikte und setzt diese in Beziehung zu den zur Verfügung stehenden Mitteln und Instrumenten der Akteure. [...] Ein solcher Ziel-Mittel-Ansatz hat zwei Vorteile: Erstens eignen sich seine Grundkategorien gut zur analytischen Erfassung konkreter Handlungs- und Entscheidungsprozesse. Zweitens wird es der Tatsache gerecht, dass es sich bei der deutschen Kosovo-Politik um ein komplexes Mehrebenenspiel handelte, welches mit der lokal-regionalen [...], der nationalen [...] und der internationalen Handlungsebene [...] über drei unterschiedliche Schauplätze verfügte."[11]

Veit Swoboda untersucht mit Hilfe eines innovativen theoretisch-methodischen Ansatz, wie Deutschland innerhalb der EU in der Balkankrise agierte, in welchem Maße es dabei geschlossen mit den anderen EU-Mitgliedern auftrat und zeigt auf, dass sich die Handlungsmöglichkeiten der EU ausweiteten, weil es die Mitgliedsstaaten so wollten, da die Zielvorstellungen in der Kosovo-Krise insgesamt mehrheitlich dieselben waren.[12]

Die deutsche Außenpolitik im Kosovo-Konflikt von Roland Friedrich, erschienen im VS Verlag für Sozialwissenschaften/GWV Fachverlage GmbH, herausgegeben von der Deut-

---

[10] Friedrich (2005), S.10f.
[11] Friedrich (2005), S.13.
[12] Stahl, Bernhard/ Harnisch (Hrsg.), Sebastian, *Vergleichende Außenpolitikforschung und nationale Identitäten. Die Europäische Union im Kosovo-Konflikt 1996-2008, Baden-Baden 2009*, S. 8.

schen Gesellschaft für Auswärtige Politik, entstanden mit Beginn des Jahres 2004 aus den beiden Häusern Leske+Budrich und Westdeutscher Verlag, 1. Auflage Juni 2005 in Wiesbaden, ist eine Studie, in der die militärischen und politischen Aspekte der deutschen Rolle in der Kosovo-Krise systematisch dargestellt werden. Die methodische Grundlage ist ein Ziel-Mittel-Ansatz auf der Basis von umfangreicher Forschungsarbeit, interner Dokumenteneinsicht sowie ausführlichen Interviews. Davon ausgehend zeichnet er die politischen Konfliktlinien um das Kosovo nach, wobei er die Vorgehensweisen, Ziele und Interessen der Kabinette Kohl V und Schröder I in den Vordergrund rückt. Auf 156 Seiten schließt Friedrich eine bestehende Forschungslücke zur veränderten deutschen Außenpolitik.

Roland Friedrich ist Politikwissenschaftler in London.

Vergleichende Außenpolitikforschung und nationale Identitäten. Die Europäische Union im Kosovo-Konflikt 1996-2008 von Bernhard Stahl und Sebastian Harnisch (Hrsg.), erschienen in der Nomos Verlagsgesellschaft, 1. Auflage in Baden-Baden 2009 unter Mitarbeit von Hansfrieder Vogel in der Reihe „Außenpolitik und Internationale Ordnung", herausgegeben von Prof. Dr. Hanns W. Maull von der Universität Trier, analysiert die Politik zum Kosovo-Konflikt der Europäischen Union und von den EU-Mitgliedsstaaten Großbritannien, der Niederlande, Deutschland, Frankreich und Griechenland aus einer vergleichenden Perspektive. Ziel der Studien auf 297 Seiten ist es, die Handlungsfähigkeit der EU im beschriebenen Konflikt darzustellen.

In der vorliegenden Rezension wird sich auf die deutsche Position beschränkt. Im Kapitel *Deutschland: Die Neudeutung der Vergangenheit* stellt *Veit Swoboda* die deutschen Identitäten und Diskurse im Kosovo-Konflikt innerhalb der Studie auf 24 Seiten dar.

Prof. Dr. Bernhard Stahl, geboren am 21. September 1963 in Wissen, ist Inhaber der Lehrprofessur für Internationale Politik an der Universität Passau. Er studierte Wirtschaftswissenschaften u.a. an der Westfälischen Wilhelms-Universität Münster und absolvierte im Anschluss an sein Diplom einen Magister in Europastudien an der RWTH in Aachen. 1998 wurde Stahl mit *magna cum laude* an der Universität Trier in Politikwissenschaften promoviert und war im Anschluss daran u.a. bis 2008 als Professor für Europäische Integration in Serbien für die deutsche Entwicklungszusammenarbeit tätig. 2006 erhielt er die Lehrberechtigung für Politikwissenschaften und ging zum Sommersemester 2009 nach

Passau. Seine Forschungsschwerpunkte sind die Europäische Integration, die EU-Außenpolitik sowie die vergleichende europäische Außenpolitik.[13]

Prof. Dr. Sebastian Ralph Johannes Harnisch, geboren am 3. Februar 1967, ist ein Politikwissenschaftler und seit 2007 an der Ruprecht-Karls-Universität Heidelberg Professor für Internationale Beziehungen und Außenpolitik. Harnisch studierte an der Universität Trier Politikwissenschaften und Geschichte, worin er 1993 seinen M.A. machte und 1998 promoviert wurde. Von 1997 bis 2001 koordinierte er das Internet-Projekt *www.deutsche-außenpolitik.de*. 2004 habilitierte er sich in Trier. Seine für die Studien relevanten Forschungsschwerpunkte sind die vergleichende Außen- und Sicherheitspolitik, die deutsche Außenpolitik sowie die EU-Außenpolitik.[14]

2. *Die deutsche Außenpolitik im Kosovo-Konflikt* von Roland Friedrich

2.1. Struktur

Von besonderem Interesse sind für die Studie die folgenden beiden Fragestellungen:

Erstens: Spielte Deutschland im Kosovo-Konflikt eine aktive oder reaktive Rolle? Betrieb es eine gestaltende Politik oder folgte es lediglich dem Gang der Ereignisse? Zeigte die deutsche Politik, eingebettet in den internationalen Verbund, eine Gestaltungs- oder eine Ohnmacht?

Zweitens: Was waren die Ziele der Bonner Kosovo-Politik und welche Mittel wendetet sie an, um diese zu erreichen? Gab es hier eine Kontinuität von der letzten Regierung Kohl zu der rot-grünen Regierung Schröder oder änderten sich die Zieldefinitionen im Konfliktverlauf? War Deutschland in der Lage, diese Ziele in einer koordinierten Außenpolitik zu verfolgen?

---

[13] online unter *http://www.bernhard-stahl.de/data/home.php*, eingesehen am 10.3.2014.
[14] online unter *http://www.uni-heidelberg.de/fakultaeten/wiso/ipw/mitarbeiter/harnisch/*, eingesehen am 21.3.2014.

Es wird die These aufgestellt, die Teilnahme Deutschlands an der NATO-Operation ALLIED FORC gegen Jugoslawien sei eine logische Folge des Gewichtszuwachses nach der Wiedervereinigung und damit sichtbarster Ausdruck eines Entwicklungsprozesses hin zu einer aktiven Rolle im internationalen Konfliktmanagement. Die Bundesrepublik betrat mit dem Einsatz von Streitkräften Neuland. Nach einer vierzigjährigen Friedensperiode nach dem Ende des Zweiten Weltkrieges kannten die Deutschen Krieg als Mittel der Politik nicht mehr. Vielmehr waren sie der Meinung, dieses Mittel hätte sich in Mitteleuropa längst überholt. Sichtbar wurde diese pazifistische Einstellung auch 1991 im Zweiten Golfkrieg, als es zu großen Protestbewegungen gegen die militärische Befreiung Kuwaits kam.

Verglichen mit diesen Thesen, ist sich Friedrich sicher, dass sich in der letzten Dekade ein gesellschaftlicher und politischer Wandel vollzogen hat, den er als paradigmatisch bezeichnet: Die Bundeswehr ist in Afghanistan stationiert, überwacht die Seewege am Horn von Afrika und ist am Persischen Golf aktiv. Den Kosovo-Konflikt ordnet er dabei als den möglicherweise entscheidenden Schritt in dem Prozess ein, da es erstmals gleichberechtigt im internationalen Verbund diplomatische und militärische Konfliktbewältigung betrieb.

Als wichtigsten Akteur im gesamten Konfliktverlauf sieht Friedrich das Auswärtige Amt. Unter der letzten Regierung Kohl zeichnete sich Außenminister Klaus Kinkel verantwortlich, der das Amt nach dem Regierungswechsel 1998 an Joschka Fischer übergab. Durch die Internationalisierung des Konflikts musste die neue Regierung Schröder Entscheidungen über eine deutsche Beteiligung treffen, unter anderem auch, da die Holbrooke-Milosevic-Vereinbarung, die noch in den letzten Monaten der Regierung Kohl geschlossen wurde, und Hoffnung bei Außenminister Kinkel auf die Vernunft Milosevics aufkommen ließ, in Trümmern lag.

Revolutionär spricht Friedrich im Zuge der bewaffneten Auseinandersetzung zwischen der NATO und der Bundesrepublik Jugoslawien von einem Krieg, auch wenn dieser Begriff vor allem in der deutschen Politik meist vermieden und durch „Luftanschläge" und „Luftoperationen" ersetzt wurde.

Zudem stellt er fest, dass die Kosovo-Politik kein beliebiges Bestandteil der deutschen Außenpolitik war, sondern unter einem bestimmten thematischen Fokus stand. Zur Strukturierung seiner Studie greift Friedrich deswegen auf Schemata aus der Konfliktmanagement-Theorie zurück und definiert es als einen Drei-Phasen-Prozess:

Erstens: Die Konfliktprävention, die alle politischen, diplomatischen, wirtschaftlichen und übrigen Maßnahmen umfasst, die den gewaltsamen Austrag eines Konflikts verhindern.

Zweitens: Die akute Krisenreaktion, falls die Prävention scheitert.

Drittens: Die letzte Eskalationsstufe *force backed by diplomacy*[15], die auf das weitgehende Zerschlagen der jeweiligen Machtpotentiale abzielt.

Verbunden mit des Ziel-Mittel-Ansatzes gelingt es Friedrich, die deutsche Sicherheits- und Außenpolitik zu durchdringen. Dabei nimmt er insbesondere die Interessen, Ziele und operativen Vorgehensweisen der letzten Regierung Kohl und der Regierung Schröder auseinander.

Die Studie gliedert er dazu in drei Teile: Nach einer historischen Aufzeichnung der Historie des Kosovo-Konflikts (S. 21-24) zeichnet Friedrich einen Grundriss der Bonner Kosovo-Politik der Jahre 1990 bis 1997.

Der darauffolgende Teil stellt den Mittel- und Hauptpunkt der Studie dar: Die deutsche Rolle während der „heißen"[16] Phase des Konflikts, welcher mit dem Ausbruch der Kampfhandlungen im November 1997 beginnt und mit der Einstellung des NATO-Luftkrieges im Juni 1999 endet, wird auf den Seiten 35 bis 124 untersucht. Dass sich diese Untersuchung dabei am zeitlichen Verlauf der Geschehnisse orientiert ist sinnvoll, da der umrissene Zeitabschnitt von 20 Monaten verhältnismäßig eng umrissen ist und die Politik der internationalen Gemeinschaft überwiegend dem Gang der Ereignisse im Kosovo folgte. Dabei wechselt Friedrich die Darstellung geschickt zwischen der lokal-regionalen, nationalen und internationalen Handlungsebene ab.

Diesen Zeitraum teilt Friedrich in drei Phasen ein. Die erste Phase umfasst die letzten Monate der Regierung Kohl bis zum Abschluss der Holbrooke-Milosevic-Vereinbarung im Oktober 1998. Der Blick richtet sich dabei auf das Agieren Deutschlands in der NATO und der Balkan-Kontaktgruppe sowie auf die Außenpolitik im Zeichen des Regierungswechsels, an den sich die Entscheidung zum weiteren Auftreten im Kosovo anschloss. Krisendiplomatisch ordnet der Autor den Zeitraum in die *diplomacy backed by threat*[17] ein, die im Spätsommer 1998 in *diplomacy backed by force*[18] überging.

---

[15] Friedrich (2005), S.14.
[16] Friedrich (2005), S.15.
[17] Friedrich (2005), S.14.
[18] Friedrich (2005), S.14.

Die zweite Phase reicht von der Installierung der OSZE-Kosovo.Verifikationsmission im Oktober 1998 über das „Massaker von Racak" bis zu den Friedensverhandlungen von Rambouillet und Paris im Februar und März 1999 unter der rot-grünen Regierung Schröder.

Die dritte und für die Bundesrepublik entscheidende Phase stellt den Luftkrieg der NATO von März 1999 bis Juni 1999 in den Mittelpunkt, die als *force backed by diplomacy* bezeichnet wird. Dabei steht die Beteiligung der Bundeswehr an den NATO-Operationen ALLIED FORC und ALLIED HARBOUR sowie die Konfliktlösungsbemühungen der deutschen Diplomatie und der „Fischer-Plan" im Zentrum der Beobachtung.

Im Fazit und Ausblick kommt Friedrich im zusammenführenden Schlusskapitel resümierend zu dem Entschluss, dass das multilaterale Vorgehen der deutschen Politik in der Kosovo-Krise ebenso wie ihre Handlungsmuster über den gesamten Betrachtungszeitraum hinweg von hoher Kontinuität geprägt waren. So verfolgten die Regierungen Kohl und Schröder das gleiche Konzept zur Krisenbewältigung. Der Entwicklungsprozess verlief phasenhaft in Abhängigkeit von der lokalen Lageentwicklung im Kosovo. Zunächst betrieb Bonn eine dilatorische Politik, die mit Eintritt in die Phase des akuten westlichen Krisenmanagements erstmals ein stärkeres Engagement zeigte und mit der Übernahme der EU- und G-8-Präsidentschaft erstmals eine gestaltende Politik betrieb.

2.2. Bewertung

Die Anlage der Studie hat zur Folge, dass wenig auf die innenpolitische Rezeption und Verarbeitung des Kosovo-Konflikts eingegangen wird. Es ist nur dann etwas von ihr zu lesen, wenn sie maßgeblichen Einfluss auf die Formulierung der deutschen Politik hat. Auch wird die völker- und verfassungsrechtliche Dimension des NATO-Luftkrieges nicht zielstrebig erörtert, sondern nur mit Blick auf den außenpolitischen Entscheidungsprozess angesprochen. Da sich der Fokus der Studie aber auf die Außenpolitik im Kosovo-Konflikt konzentriert, sind diese Schönheitsfehler nicht von Relevanz zur Herabstufung der Studie in der Gesamtwertung.

Zusammenfassend beantwortet Roland Friedrich die zwei umrissenen Fragestellungen umfassend und ausgiebig. Damit wird er seinem Anspruch, eine seit Jahren bestehend Forschungslücke zu schließen, da vor seinem Werk keine systematische Darstellung des Themas existierte und die umfassendste Abhandlung *Der letzte Krieg in Europa? Das Kosovo und die deutsche Politik* von Günther Joetze oftmals lediglich die Sichtweise des Auswärtigen Amtes wiedergibt.

Friedrich nutzt die ihm zu Grunde liegenden Quellen für eine unabhängige Studie, die eine Pflichtlektüre zu der bundesdeutschen Außenpolitik in ihrer entscheidenden Phasen ist. Die Schlussfolgerungen sind logisch und spiegeln den Argumentationsgang seiner Arbeit wider.

3. *Deutschland: Die Neudeutung der Vergangenheit* von Veit Swoboda in *Vergleichende Außenpolitikforschung und nationale Identitäten. Die Europäische Union im Kosovo-Konflikt 1996-2008*

3.1. Struktur

Veit Swoboda analysiert die Kosovopolitik Deutschlands im besonderen Kontext als Mitglied der EU. Ein Ziel ist es dabei, die Wirkung der außenpolitischen Identität Deutschlands auf die Handlungsfähigkeit der Europäischen Union zu untersuchen. Deutschlands wird als eines von fünf EU-Mitgliedsstaaten für die gesamte Studie ausgewählt, da es sowohl in der gemeinsamen Außen- und Sicherheitspolitik, der Europäischen Sicherheits- und Verteidigungspolitik und der Kosovopolitik eine hohe Stellung einnimmt.

In seinem Kapitel zeigt Swoboda, wie Deutschland den Kurs der EU-Kosovopolitik maßgeblich mitbestimmte. Dabei unterteilt sich das Kapitel in eine *Kontextstudie* und eine *Diskursanalyse*.

Erstens wird in der Kontextstudie die außenpolitische Grundorientierung in Form der außenpolitischen nationalen Identität vorgestellt und die zentralen Argumentationsmuster und „diskursiven Lager"[19] benannt.

---

[19] Stahl/Harnisch (2009), S.26.

Dabei beschreibt Swoboda, wie sich nach dem Zweiten Weltkrieg der deutsche außen- und sicherheitspolitische Diskurs immer weiter ausweitete. Dabei wirft er vor allem die Frage auf, wie die Vergangenheit zu interpretieren sei und was diese für Auswirkungen für die Außenpolitik Deutschlands bedeute. Er analysiert weiter, dass bis Anfang der 1990er Jahre zwei Diskursformationen entstanden: Die *Zurückhaltung* und die *Normalisierung*[20].

Die Vertreter der *Zurückhaltung* leiten laut Swoboda aus der Vergangenheit ein „sich Zurücknehmen"[21] in der Außenpolitik und in Fragen militärischer Einsätze außerhalb des Bündnisgebiets ab. Dies sei ein positiver und angemessener Lernerfolg aus dem Zweiten Weltkrieg und vor allem dem Holocaust.

Die Vertreter der *Normalisierung* charakterisiert Swoboda als solche, welche diese Dinge nur als vorübergehende Maßnahme zur Vertrauensbildung den Bündnispartnern gegenüber verstanden wissen wollen. Laut Swoboda nehmen sie eine „normale Außenpolitik"[22] eines demokratischen Staates im Herzen Europas als formuliertes Ziel. Die Zurückhaltung bringt für diese Verfechter eine tiefliegende Verstörung und beschädigte außenpolitische Identität zum Ausdruck.

Veit Swoboda ist der Ansicht, dass bis zur Mitte der 1990er Jahre die Diskursformation der *Zurückhaltung* eindeutig dominierte. Dann allerdings mehrten sich die Zeichen, dass die *Normalisierung* sich ausbreitete. Das macht er an einer vermehrt interessenorientierten Europapolitik auf der Verhaltensebene fest und diagnostiziert zudem an empirischen Untersuchungen, dass die Diskursformation der Normalisierung realpolitischere Argumentationsmuster bekommt.

Weiter stellt Swoboda fest, dass der Golf-Krieg im Jahr 1990 eine neue Etappe im Diskurs um deutsche Auslandseinsätze markiert, da sich die dominante Diskursformation der *Zurückhaltung* in zwei Stränge aufteilt: In der traditionell pazifistischen Linie der deutschen Parteien überstimmt das Argument des späteren Außenministers Joschka Fischer „nie wieder Auschwitz" das Argument „nie wieder Krieg". Die deutsche Vergangenheit verpflichte dazu, gegen Völkermord einzuschreiten. Swoboda ist der Meinung, dass sich während der

---

[20] Swoboda, Veit, *Deutschland: Die Neudeutung der Vergangenheit*, in: *Vergleichende Außenpolitikforschung und nationale Identitäten. Die Europäische Union im Kosovo-Konflikt 1996-2008*, S.137.
[21] Swoboda, S.137
[22] Swoboda, S.137.

Bosnien-Kriege die neue Diskursformation der *bedingten Zurückhaltung*[23] mit der Normalisierung zusammentat.

Zweitens wird geklärt, welche Diskursteilnehmer in Deutschland von Belang sind und welche Besonderheiten außenpolitische Debatten in der Bundesrepublik aufweisen. Dabei kommt der Autor zu dem Schluss, dass außenpolitische Diskurse in der BRD in erster Linie von der politischen Führungselite bestimmt werden. Sie umfasst die Bundesregierung, vor allem den Bundeskanzler und das Kanzleramt, das Auswärtige Amt, das Bundesministerium für wirtschaftliche Zusammenarbeit und Entwicklung, das Verteidigungsministerium und für die Europapolitik das Finanzministerium[24]. Weiter nennt er das Bundesverfassungsgericht und Teile der Bevölkerung, die sich durch öffentlichen Protest und Demonstrationen partizipieren. Desweiteren stellt Swoboda fest, dass öffentliche Meinung in Deutschland als „veröffentlichte Meinung"[25] in Erscheinung tritt, die durch die Massenmedien verbreitet wird.

Drittens wird das spezifische Verhalten während des Zerfalls Jugoslawiens zwischen 1991 und 1995 skizziert. Dabei kommt der Autor zu dem Schluss, dass Deutschland eine aktive Außenpolitik betreibt, die durch Kontinuität und durch multilaterales Handeln gekennzeichnet ist, wobei der bevorzugte Kooperationsrahmen deutscher Außenpolitik die EU ist, wohin gegen sich sicherheitspolitisch an die NATO gehalten wird. Insbesondere die Abstimmung mit den USA ist da von besonderer Bedeutung. Trotz einer Steigerung der Teilnahme an Militäreinsätzen zu Beginn der 1990er Jahre bevorzugt die Bundesrepublik nichtmilitärische Instrumente der Konfliktbearbeitung. Weiter analysiert Swoboda, dass vor dem Ausbruch der Gewalt im Frühjahr 1991 die BRD die diplomatischen Beziehungen zu Jugoslawien aufgrund der Wiedervereinigung vernachlässigt hatte. Die frühzeitige Anerkennung der Teilrepubliken Kroatien und Slowenien brachte Deutschland in Gegensatz zu wichtigen Verbündeten. Swoboda ist der Meinung, dass die deutsche Jugoslawienpolitik ihr klares Konzept damit beendete, da sie nun vermehrt auf multilaterale Vermittlungsbemühungen setzte und sich zu keiner klaren Haltung mehr durchringen konnte.

Die eigentliche Diskursanalyse nimmt im Folgenden immer wieder Bezug zu der spezifisch deutschen Verhaltensweise während des Zerfalls Jugoslawiens. Sie zeigt, wie die

---

[23] Swoboda, S.138.
[24] Swoboda, S.140.
[25] Swoboda, S.140.

Haltung der Regierung zu den NATO-Luftanschlägen im Jahr 1999 gegenüber der Öffentlichkeit legitimiert wurde. Sie wird durch ein Verhaltens- und Diskursrätsel eingeleitet. Das Verhaltensrätsel fragt danach, ob das außenpoltische Verhalten Deutschlands in einer Kontinuität zur vorherigen nationalen Außenpolitik steht. Das Diskursrätsel thematisiert, wie der außenpolitische Wandel diskursiv gerechtfertigt wurde und ob diesem Verhaltenswandel auch ein Identitätswandel zugrunde liegt.

Schon die Ablehnung militärischer Einsätze im Golf-Krieg und den Jugoslawien-Kriegen fand immer mehr Kritiker in Deutschland und mündete in der von Swoboda beschriebenen Aufspaltung der Diskursformation der *Zurückhaltung*. Dabei analysiert der Autor, dass die deutsche Öffentlichkeit die Eskalation der Gewalt im Kosovo lange Zeit nicht wahrnahm. Desweiteren ist für Swoboda für den deutschen Kosovo-Diskurs kennzeichnend, dass sich sowohl die scheidende Regierung Kohl als auch das designierte Kabinett Schröder deutlich für eine Intervention der internationalen Gemeinschaft, inklusive Deutschland, aussprachen.

Swoboda analysiert, dass die deutschen Interventionsbefürworter den Einsatz der NATO fast ausschließlich moralisch begründeten. Schlüsselbegriffe sind in dem Zusammenhang „humanitäre Katastrophe", „Völkermord", „nie wieder Auschwitz" und „kein zweites Bosnien". Die Interventionsgegner argumentierten fast ausschließlich aus völker- und verfassungsrechtlichen Erwägungen heraus. Darüber hinaus warnten sie vor Remilitarisierung und Renationalisierung deutscher Außenpolitik. Daher sei laut Swoboda für den deutschen Diskurs bemerkenswert, dass sich nicht auf „nationale Interessen" berufen wurde.

Swoboda stellt fest, dass die aktive Beteiligung am Kosovo-Konflikt in der Bevölkerung breit legitimiert war. „Die Beteiligung bewegte sich im Rahmen der identitären Vorgaben, die sich aus den Identitätselementen das *verantwortungsbewusste Deutschland*, die *deutsche Frage, Deutschland als Teil des Westens*, das *europäische Deutschland* und das *multilaterale Deutschland* zusammensetzten.[26]"

Veit Swoboda berichtet, dass die Unstrittigkeit der Kriegsbeteiligung daraus resultiert, dass die Handlungsempfehlungen der Diskursformation der *Normalisierung* mit jenen der Vertreter einer *bedingten Zurückhaltung* zusammenfielen. Dies ging laut Swoboda auf Kosten des pazifistischen Verständnisses, da die Diskursformation der *bedingten Zurückhaltung* deutlich eingeschränkt wurde.

---

[26] Swoboda, S.158.

Swoboda ist sich sicher, dass die Interventionsbefürworter das Motiv der historischen Verantwortung Deutschlands umdeuteten: Deutschland stehe aufgrund der Hitler-Vergangenheit in der Verantwortung, gegen nationalistische und ethnisch motivierte Verbrechen vorzugehen. Diese Argumente fruchteten in der deutschen Öffentlichkeit und erlangten auch die Diskurshegemonie.

3.2. Bewertung

Veit Swoboda gelingt es, die deutsche Kosovopolitik in den Kontext der EU-Politik der damaligen Zeit einzuordnen. Dabei hebt er besonders die Vergangenheitsbewältigung und den daraus resultierenden „deutschen Sonderweg" hervor. Die außenpolitische Identität der Bundesrepublik in eine Kontextstudie einzubetten, macht vor diesem Hintergrund Sinn und schafft eine gute Basis, um die daraus resultierenden Diskursformationen der deutschen Öffentlichkeit zu verstehen.

Die Diskursanalyse baut logisch auf die Kontextstudie auf und vertieft die Diskursformationen während des NATO-Krieges gegen Jugoslawien. Der Argumentationsgang ist stets klar und nachvollziehbar und aufeinander aufbauend. Der Autor beantwortet alle aufkommenden und selbst aufgeworfenen Fragen eindeutig und bringt sie in einer Zusammenfassung noch einmal auf den Punkt.

Mit den Schlussfolgerungen des Autors bin ich im höchsten Maße einverstanden, da die Sichtweise der damaligen Öffentlichkeit in der Bewertung des Auslandseinsatzes der Bundesrepublik unbedingt berücksichtigt werden muss, will man sich dem Thema der deutschen Außenpolitik im Kosovo-Konflikt nähern.

Der Aufsatz ist zwar weniger dafür geeignet, sich intensiv mit der deutschen Außenpolitik im benannten Konflikt auseinanderzusetzen, diesen Anspruch hat er aber, eingebettet in die Studie von Bernhard Stahl und Sebastian Harnisch nicht, vielmehr bietet er die Möglichkeit, sich mit der veränderten Wahrnehmung der deutschen Vergangenheit unter dem besonderen Aspekt des Kosovo-Konflikts auseinanderzusetzen.

4. Quellen- und Literaturverzeichnis

Friedrich, Roland, *Die deutsche Außenpolitik im Kosovo-Konflikt*, 1. Auflage, Wiesbaden 2005.

http://www.bernhard-stahl.de/data/home.php, eingesehen am 10.3.2014.

http://www.uni-heidelberg.de/fakultaeten/wiso/ipw/mitarbeiter/harnisch/, eingesehen am 21.3.2014.

Risse, Thomas, *Kontinuität durch Wandel: Eine „neue" deutsche Außenpolitik?*, 3.3.2004, online unter *http://www.bpb.de/apuz/28465/kontinuitaet-durch-wandel-eine-neue-deutsche-aussenpolitik?p=all*, eingesehen am 21.3.2014.

Sommer, Theo, *Die deutsche Außenpolitik: unterwegs*, in: Die Zeit, 1.3.2001, online unter *http://www.zeit.de/2001/10/Die_deutsche_Aussenpolitik_unterwegs*, eingesehen am 31.3.2014.

Stahl, Bernhard/ Harnisch (Hrsg.), Sebastian, *Vergleichende Außenpolitikforschung und nationale Identitäten. Die Europäische Union im Kosovo-Konflikt 1996-2008*, 1. Auflage, Baden-Baden 2009.

Swoboda, Veit, *Deutschland: Die Neudeutung der Vergangenheit*, in: *Vergleichende Außenpolitikforschung und nationale Identitäten. Die Europäische Union im Kosovo-Konflikt 1996-2008*, in: *Vergleichende Außenpolitikforschung und nationale Identitäten. Die Europäische Union im Kosovo-Konflikt 1996-2008*, 1. Auflage, Baden-Baden 2009.

BEI GRIN MACHT SICH IHR WISSEN BEZAHLT

- Wir veröffentlichen Ihre Hausarbeit, Bachelor- und Masterarbeit

- Ihr eigenes eBook und Buch - weltweit in allen wichtigen Shops

- Verdienen Sie an jedem Verkauf

Jetzt bei www.GRIN.com hochladen und kostenlos publizieren